Du machst mich froh

Stephan Sigg

Du machst mich froh

Kindergebete für jeden Tag

Mit farbigen Bildern von
Verena Körting

Gabriel

Inhaltsübersicht

Ein neuer Tag	7
Wunderbare Welt	9
Gott, Jesus und ich	15
Mut und Vertrauen	20
Hoffnung und Träume	25
Miteinander	29
Freunde	35
Tut mir leid	38
Essen	43
Besondere Tage	47
Am Abend	53

Ein neuer Tag

Guten Morgen, lieber Gott,
mach es hell, bitte flott!
Lass es heute hier auf Erden
einen frohen Tag werden,
damit alle glücklich sind.
Begleite jedes Kind
auf seinen Wegen,
aber bitte, heute keinen Regen!

Die kleine Rosie sagt: »Danke für den neuen Morgen!«
Der Postbote ruft: »Wär der Tag doch schon vorbei!«
Die Verkäuferin sagt: »Ich bin noch so müde!«
Und ihr kleiner Hund bellt noch ganz verschlafen.
Lieber Gott, wir bitten dich, denk heute an jeden
und begleite uns alle sicher durch den Tag!

Jesus, du bist das Licht der Welt,
haben die Menschen über dich gesagt.
Lass uns alle kleine Lichter sein,
denn wenn viele kleine Lichter leuchten,
dann wird es plötzlich überall hell!

Wunderbare Welt

L ieber Gott, ich finde
unsere Welt
phänomenal
großartig
außerordentlich
gigantisch
spitze
einfach atemberaubend!
Ich sage: Danke, dass du alles so
schön gemacht hast.

Du hast mich als Original entwickelt
und nicht als Kopie.
Jedes einzelne Haar und jede Wimper,
mein Lächeln und sogar die Zehennägel
sind so wunderbar von dir gemacht!
Hunderte Fotos könnte ich machen: Knips, knips,
und trotzdem würde ich nicht alles zeigen können.

Ich danke dir, dass du mich so wunderbar und
ausgezeichnet gemacht hast!

Psalm 139, 14

Ich mag es, wenn der Bus so witzig schaukelt.
Ich liebe es, wenn Oma mich mit meinem
Lieblingsschokokuchen überrascht.
Abends aufbleiben, bis am Himmel
die Sterne funkeln – das ist schön!
Auf dem Reiterhof die Ponys streicheln –
das mag ich und noch vieles mehr.
Ich sage dir, Gott, ein großes Dankeschön
für mein tolles Leben!

Guter Gott, das ist eine besondere Bitte:
Lass die Kätzchen keine Sekunde aus
den Augen, denn sie düsen immer so flink
über die Straße, ohne nach links
und rechts zu blicken.
Beschütze sie bei jedem ihrer Tritte.

Der Herr ist mein Hirte, mir wird nichts fehlen.
Psalm 23

Applaus, Applaus für deine tolle Schöpfung!
Wir jubeln so laut, dass das ganze Haus wackelt,
und stimmen ein in einen gigantischen Jubelchor:
Tiere, Pflanzen, Himmel und Erde und jeden Menschen,
wir preisen dich für deine Erfindungen,
für deine Stärke und deine Liebe!

Guter Gott, ich singe es aus voller Kehle,
einmal, zweimal und gleich ein drittes Mal,
weil ich's viel zu oft vergesse:
Ich singe so laut, dass es selbst die Eisbären am
Nordpol und die Giraffen in der Wüste hören:
Gott, wir loben dich – einfach wunderbar,
dass es uns gibt!

Heute will ich einmal alles fotografieren,
für das ich dir danken möchte:
Das schöne Blumenbeet im Park,
der lustige Springbrunnen,
der bunte Schmetterling,
die Sonnenstrahlen, die meine Nasenspitze kitzeln,
das Pferd, das so fröhlich wiehert.
Ich sage dir Danke für jedes Foto.
Du willst mich mit ihnen erinnern
an so viele schöne Erlebnisse:
meinen 9. Geburtstag,
den Kino-Nachmittag mit Oma und Opa,
den Besuch auf dem Kamel-Hof,
die erste Übernachtung bei meiner
besten Freundin.

Gott, Jesus und ich

Schenk mir viele Stunden Glück,
dass ich in meinem Leben ganz oft
vor Freude Luftsprünge machen kann,
mich zusammen mit anderen kringelig lachen
und einfach glücklich sein kann.

Du findest mich toll,
auch wenn ich das Tor nicht treffe.
Du applaudierst für mich,
selbst wenn ich als Letzte das Ziel erreiche.
Du hörst mir auch dann zu,
wenn die anderen keine Zeit für mich haben.

Jesus, du gehst mit mir durch dick und dünn,
begleitest mich durch Sonnen- und
durch Regentage,
du weichst nie von meiner Seite
und lässt mich auch niemals einfach so stehen,
dafür danke ich dir.

Ein cooles Lied aus dem Radio,
ich pfeife vergnügt mit.
Ein kühles Glas Eistee
und Sonnenstrahlen auf meiner Haut,
ach, wie ist das Leben schön!
Ein großer Applaus für dich, Gott!

Hallo Jesus, ich will dein Freund sein,
dir alles anvertrauen,
mit dir lachen und weinen
und auch von meinem Ärger erzählen.
Jesus, du kannst auf mich zählen.

H aatschi! Die Nase trieft, die Stirn ist glühend heiß,
in meinem Kopf hämmert es unheimlich laut.
Schon seit Stunden langweile ich mich im Bett,
während draußen alle miteinander spielen.
Krank sein macht gar keinen Spaß.
Mach mich ganz schnell wieder gesund!

M it jedem Atemzug
mit jedem Herzschlag
mit jedem Schritt
möchte ich dich loben, Gott.

G ott, du bist mein Helfer.
Unter dem Schatten deiner Flügel juble ich.
Psalm 63, 8

Lieber Gott, manchmal bin ich mit dir
unzufrieden, weil du mir keine Antworten
gibst auf meine vielen Fragen.
Und dann merke ich: Tomaten auf den Augen –
ich hab deine Antworten bloß übersehen.
Öffne meine Augen, öffne meine Ohren,
damit ich besser erkenne, wie und wann
du mit mir sprichst.

Mut und Vertrauen

Poch, poch, mein Herz klopft bis zum Hals
und ich kann meinen Stift kaum halten.
Halte deine Hand schützend über mich,
schenk mir einen klaren Kopf und ganz
viel Durchblick, damit ich auf alle Fragen
die richtigen Antworten finde
und die Prüfung gut gelingt!

Es braucht Mut, zu sagen:
»Nein, das ist nicht fair!«
Es ist nicht leicht.
Doch du hast uns versprochen:
Wenn jemand Mut braucht, dann stehst du
hinter uns und gibst uns Rückendeckung.

Sei bei allen Menschen,
die jetzt im Krankenhaus liegen
und sich wünschen, bald wieder gesund zu sein.
Mach ihnen Hoffnung und schick Menschen zu ihnen,
damit sie sich nicht so alleine fühlen.

Herr, neige mir dein Ohr zu. Hilf mir!
Sei für mich ein Fels, der mir Schutz bietet,
und eine Burg, die mich rettet.

Psalm 31

Nie wieder schlotternde Knie,
nie wieder Zähneklappern,
keine eiskalten Hände.
Du hast gesagt: »Habt keine Angst!«
Darauf will ich bauen!

M ach uns Mut zum Teilen,
denn eigentlich ist es ganz leicht:
das Pausenbrot,
mein Haustier,
die Zeit,
so vieles, das wir mit anderen teilen können!
Wenn jeder etwas abgibt, haben alle genug.

Hoffnung und Träume

Ein ganzer Saal,
der für mich applaudiert,
eine Eins in Mathe,
20 Tage Sonnenschein am Stück,
beim Elfmeter mitten ins Tor treffen,
Eisteetrinken mit Katy Perry –
so viele große Träume habe ich!
Hilf mir, dass sie in Erfüllung gehen –
am besten schon möglichst bald!

Das schreibe ich mir jetzt hinter die Ohren,
damit ich mich daran erinnere,
wenn ich wieder mal richtig traurig,
sauer oder einsam bin:
Für dich, Gott, ist alles möglich!
Du kannst selbst aus den trübsten
Miese-Laune-Tagen
bunte Smarties-Tage zaubern!

Guter Gott, ich wünsche mir:
Frieden für alle auf der Welt,
dass alle Waffen vermodern,
kein Mensch mehr fliehen muss.
Lass meinen Wunsch bald in Erfüllung gehen!
Schenk allen Kindern ein Dach über dem Kopf,
jemanden, der zu Hause auf sie wartet,
sie in den Arm nimmt,
der sie im Sommer eincremt
und ihnen im Winter einen dicken Schal
um den Hals bindet.
Lass kein Kind auf dieser Welt alleine sein!

So wie Jesus will ich nie aufhören
von einer besseren Welt zu träumen:
einem Ort, an dem alle glücklich sind,
sich alle verstehen und die Hände reichen,
gemeinsam Purzelbäume schlagen
und sich mit Sahnetorten überraschen.

Heute bin ich furchtbar traurig,
würde mich am liebsten den ganzen Tag
unter der Decke verkriechen.
Schick mir Menschen, die mir Mut machen,
mich trösten und mir zeigen,
dass es schon bald wieder aufwärtsgeht.

Heute mag ich einfach gar nichts,
hab keine Lust und keinen Spaß,
sitze nur genervt herum und kaue am Bleistift
und wünsche mir, alles wäre ganz anders.
Deshalb bitte ich dich, Herr:
Schenk mir gute Laune!

Miteinander

In unserer Straße leben so viele Menschen:
Die alte Frau im Haus gegenüber,
das Mädchen mit den roten Haaren,
der fröhliche Mann mit dem dicken Bauch,
die beiden Zwillinge, die abends immer
im Hof Fußball spielen,
und natürlich: Mama, Papa und ich!
Gott, halt deine Hand über uns alle,
pass auf jeden von uns auf!

Mit ihrer Lieblingsmusik kann ich
gar nichts anfangen
und seinen Lieblingspulli find ich gar nicht schön,
dass sie stundenlang zu Hause Geige übt,
kann ich nicht verstehen.
Hilf mir, jeden Menschen zu akzeptieren, wie er ist,
auch wenn ihm etwas ganz anderes gefällt als mir.

Jesus, mach mich zum Held des Pausenhofes:
Streit schlichten,
Abfall beseitigen,
Traurige aufheitern,
Pausenbrot teilen.
So, wie du das damals gemacht hast,
ich will sein wie du!

Lieber Gott,
warum muss sich Mama so lange
die Haare föhnen?
Papa darf während des Fußballspiels auf
keinen Fall gestört werden.
Aber ich will endlich raus,
keine Sekunde länger warten.
Es kribbelt in meinen Zehen.
Schenk mir Geduld,
lass die Zeit ganz schnell vergehen!

Lass uns nie vergessen:
Wenn jeder anderen ein Lächeln schenkt,
wenn jeder ein gutes Wort zum anderen sagt,
wenn jeder dem anderen die Hand gibt
und nicht mit der Faust oder bösen Worten droht,
dann können wir die Welt verändern.

Manchmal ist es einfach zum Fürchten,
wie viele Menschen mies gelaunt
durch die Welt spazieren.
Im Bus, auf der Straße, in der Schlange
an der Supermarktkasse,
alle schauen, als hätten sie
in eine saure Zitrone gebissen.
Zaubere allen Menschen ein Lächeln aufs Gesicht.

PS: Ich will dir helfen und jedem ein Lächeln schenken!

Wir beten nicht für den Sieg,
wir beten nicht für ein tolles Tor,
wir beten nicht für uns, sondern dafür:
dass alle das Spiel genießen,
Spaß haben und einen glücklichen
Nachmittag erleben dürfen.
Anpfiff und los!

Anna hat ein neues Handy
und Tim so ein cooles Fahrrad,
Lena fliegt in den Ferien nach New York!
Jesus hat uns gezeigt: Nicht neidisch sein!
Wenn das immer so einfach wäre!

Freunde

Filmabend bei mir zu Hause:
jede Menge Popcorn,
meine Freunde und ich lachen uns krumm.
Und irgendwann die Kissenschlacht,
bis wir völlig außer Atem sind.
Danke für diese schöne Zeit,
danke, dass ich so tolle Freunde habe!

Schmecket und sehet, wie freundlich der Herr ist.
Es soll allen gut gehen, die auf ihn vertrauen.
Psalm 34, 9

Jesus ließ niemanden allein,
mit allen wollte er befreundet sein.
Auch ich lass niemanden liegen,
nur mit Freundschaft können wir Streit
und Neid besiegen!

Lass jedes Kind einen Freund finden.
Denn was gibt es Schöneres,
als es sich zu zweit an trüben Regentagen
auf dem Sofa gemütlich zu machen,
sich neue Songs anzuhören,
ein Fußballspiel anzuschauen?

Immer wenn wir miteinander lachen,
uns die Hände reichen,
fröhlich gemeinsam singen,
leckeren Kuchen teilen
oder beim Spielen die Zeit vergessen,
können wir spüren:
Du, Gott, bist mitten unter uns,
du willst, dass es uns gut geht!

Tut mir leid

Gott, am liebsten würde ich mit einem
Radiergummi auslöschen,
was zwischen meiner besten Freundin
und mir passiert ist:
Mein dummer Kommentar,
ihre gemeine Antwort.
Hilf uns, uns wieder zu versöhnen,
gib mir Mut, ihr zu sagen:
»Tut mir leid, das war nicht nett,
lass uns wieder Freunde sein!«

Tut mir leid, lieber Gott, heute war ich
die beleidigte Leberwurst,
Miss Zickig und Mister Sauer.
Es ist nicht schön, stundenlang
ein griesgrämiges Gesicht zu machen
und alle mit meiner schlechten Laune anzustecken.
Morgen werde ich wieder fröhlich sein.

Die Tür zugeknallt,
laut aufgestampft, herumgebrüllt
und dann noch richtig fiese Grimassen geschnitten.
Tut mir leid, lieber Gott, war nicht gut von mir,
verzeihst du mir? Ab sofort mach ich es besser!

Guter Gott, entschuldige,
als der Bus endlich kam,
drängelten alle zu den Türen
und ich wollte der Erste sein.
Ich boxte und schob
und die anderen taten es auch.
Da schimpfte der Busfahrer mit uns.
Das alles tut mir leid, so etwas
bringt niemanden was,
wir versprechen dir:
Wir wollen besser auf uns achtgeben!

Gott, du weißt, es ist unheimlich schwer,
aber ich werde mir trotzdem Mühe geben:
Zähne putzen,
Zimmer aufräumen,
den Müll raustragen,
die Geschirrspülmaschine einräumen,
Mathe lernen.
Das macht alles gar keinen Spaß,
aber ich versuche trotzdem, dabei zu lächeln.

Der dumme Streit,
die bösen Worte,
dass ich so schusselig war:
Was mir heute nicht gelang,
morgen mach ich's besser.
Das verspreche ich dir, guter Gott!

Essen

Segne die Spaghetti und das Himbeereis,
den Spinat und auch die Schokoplätzchen,
dass sie uns gut schmecken, uns satt machen
und ein glückliches Lächeln in
unsere Gesichter zaubern.
Amen.

Alles festlich gedeckt,
der Tisch biegt sich unter den vielen Speisen,
mir läuft schon das Wasser im Mund zusammen.
Gemeinsam mit der ganzen Familie zu essen,
zu lachen und zu feiern – es gibt nichts Schöneres!
Lass uns alle nun das Essen richtig genießen,
schenk uns guten Appetit!

Entschuldigung, Gott,
für jeden weggeworfenen Joghurt
und die Früchte, die verfault sind,
weil niemand sie essen wollte.
Lebensmittel sind kostbar,
wir wollen sorgsam damit umgehen
und nie mehr verschwenderisch sein.

Und wenn wir uns jetzt stürzen auf unser Essen,
wollen wir nicht vergessen:
Nicht überall auf der Welt sind die Teller voll,
nicht alle haben genügend zu trinken,
lass auch sie satt werden!

Bei jedem Bissen,
bei jedem Schluck
denke ich: Lecker!
Danke, dass du uns mit so vielen
leckeren Speisen und Getränken verwöhnst!

Jeder Apfel, jede Banane, jede Tomate –
ist ein Wunder.
Sie erinnern uns daran: Du bist ein großer Künstler,
der mit tausend Farben und Gerüchen
unsere Augen, Ohren und Nasen glücklich macht.
Danke für jede Frucht und jedes Gemüse,
die die Natur uns schenkt!

Besondere Tage

Lange schlafen,
gemeinsam das große
Sonntagsfrühstück genießen,
Mama erzählt eine lustige Geschichte,
Papa kennt einen neuen Witz,
dann mit den Rädern raus ins Grüne,
wo die Vögel ganz laut zwitschern.
Danke, Gott, für diesen schönen Sonntag!
Danke, dass ich heute mit meiner Familie so viel
erleben durfte!

Schieb die dunklen Wolken weiter,
mach den Himmel wieder strahlend blau.
Wer mag schon trübe Regentage
und den lauten Donner?
Schick uns wieder schönes Wetter.

Danke für die lustigen Herbststürme,
danke für den Frühling mit seinen vielen Farben,
danke für die heißen Sommertage,
danke für jeden tiefverschneiten Wintertag –
alles ist wie ein Wunder.
Danke für jede Jahreszeit!

Lieber Gott, ich freue mich riesig,
dass ich heute Geburtstag hab,
an diesem besonderen Tag möchte ich dir
Danke sagen:
Du hast mir im letzten Jahr so vieles gezeigt,
mich mit vielem Schönen überrascht,
und mich mehrere Zentimeter wachsen lassen –
bald schon bin ich richtig groß.
Es ist ein tolles Gefühl, ein Kind Gottes zu sein!
Amen.

Ab ans Meer!
Ich kann es kaum erwarten,
endlich den Strand zu sehen,
in meiner neuen roten Badehose durch den Sand
zu laufen,
meine Zehen ins kühle Nass zu stecken.
Begleite uns auf unserer Entdeckungsreise!
Mama, Papa, meine Schwester, alle sind dabei,
schenk uns glückliche Ferientage!

Lieber Gott,
ich plane ein großes Gartenfest
und lade alle ein, die wir sonst vergessen:
die Bettler, die Kranken,
die Lahmen, die Außenseiter,
die, über die sonst alle lachen und tuscheln.
An meinem Tisch haben alle Platz.
Hilf mir, dass ich niemanden übersehe.

Am Abend

Du hast die Sterne geschaffen,
damit es in der Nacht nicht zu dunkel wird.
Du hast den kühlen Sommerwind erfunden,
damit wir an heißen Julitagen
nicht verschmachten.
Du hast den kühlen Regen gemacht,
er verhindert, dass unsere Erde vertrocknet.
Die Welt ist eine geniale Erfindung von dir!

Während die Stadt schläft –
überall sind die Fenster schon ganz dunkel –,
liege ich wach und denke an dich:
Danke für den heutigen Tag!
Jeder Tag ist ein großes Abenteuer.
Ich will noch ganz viele davon erleben!
Bis morgen, gute Nacht!

Lieber Gott,
eigentlich bin ich schon so k.o.,
dass mir die Augen zufallen,
aber trotzdem will ich dir noch schnell erzählen,
was mich heute glücklich gemacht hat:
Da war so viel, wo soll ich beginnen?
Am besten mach ich es ganz kurz:
Danke für diesen schönen Tag!
Amen.

Mit einem Sprung ins Bett,
ab unter die Decke,
ins Kissen gekuschelt,
ich strecke meine Zehen und gähne laut.
Lass mich jetzt richtig gut schlafen
und was Tolles träumen!

Heute möchte ich dir mal Danke sagen
für meinen Schutzengel,
meinen treuen Begleiter.
Er steht mir zur Seite
am Tag und in der Nacht,
sodass ich mich selbst
in dunkelster Winternacht
nicht fürchten muss.
Guter Gott, du hast mir
einen tollen Freund geschenkt!

Wenn ich schlafe, bist du wach
und gibst auf mich acht.
Deshalb mach ich nun die Augen zu
und genieße die Ruh.

Themenverzeichnis

Ein neuer Tag — 7
Guten Morgen, lieber Gott — 7
Die kleine Rosie sagt: »Danke für den neuen Morgen!« — 8
Jesus, du bist das Licht der Welt — 8

Wunderbare Welt — 9
Lieber Gott, ich finde unsere Welt — 9
Du hast mich als Original entwickelt — 10
Ich danke dir — 10
Ich mag es, wenn der Bus so witzig schaukelt — 11
Guter Gott, das ist eine besondere Bitte — 11
Der Herr ist mein Hirte — 12
Applaus, Applaus für deine tolle Schöpfung — 12
Guter Gott, ich singe es aus voller Kehle — 12
Heute will ich einmal alles fotografieren — 14

Gott, Jesus und ich — 15
Schenk mir viele Stunden Glück — 15
Du findest mich toll — 16
Jesus, du gehst mit mir durch dick und dünn — 16
Ein cooles Lied aus dem Radio — 17
Hallo Jesus, ich will dein Freund sein — 17
Haatschi! Die Nase trieft, die Stirn ist glühend heiß — 18
Mit jedem Atemzug — 18
Gott, du bist mein Helfer — 18
Lieber Gott, manchmal bin ich mit dir unzufrieden — 19

Mut und Vertrauen — 20
Poch, poch, mein Herz klopft bis zum Hals — 20
Es braucht Mut, zu sagen: »Nein, das ist nicht fair!« — 21
Sei bei allen Menschen — 21
Herr, neige mir dein Ohr zu — 22

Nie wieder schlotternde Knie	22
Mach uns Mut zum Teilen	24

Hoffnung und Träume 25
Ein ganzer Saal, der für mich applaudiert	25
Das schreibe ich mir jetzt hinter die Ohren	26
Guter Gott, ich wünsche mir	27
So wie Jesus will ich nie aufhören	27
Heute bin ich furchtbar traurig	28
Heute mag ich einfach gar nichts	28

Miteinander 29
In unserer Straße leben so viele Menschen	29
Mit ihrer Lieblingsmusik kann ich gar nichts anfangen	30
Jesus, mach mich zum Held des Pausenhofes	31
Lieber Gott, warum muss	31
Lass uns nie vergessen	32
Manchmal ist es einfach zum Fürchten	32
Wir beten nicht für den Sieg	34
Anna hat ein neues Handy	34

Freunde 35
Filmabend bei mir zu Hause	35
Schmecket und sehet, wie freundlich der Herr ist	36
Jesus ließ niemanden allein	36
Lass jedes Kind einen Freund finden	37
Immer wenn wir miteinander lachen	37

Tut mir leid 38
Gott, am liebsten würde ich mit einem Radiergummi auslöschen	38
Tut mir leid, lieber Gott	39
Die Tür zugeknallt	39
Guter Gott, entschuldige	40
Gott, du weißt, es ist unheimlich schwer	41
Der dumme Streit	41

Essen — 43
Segne die Spaghetti und das Himbeereis — 43
Alles festlich gedeckt — 43
Entschuldigung, Gott für jeden weggeworfenen Joghurt — 44
Und wenn wir uns jetzt stürzen auf unser Essen — 45
Bei jedem Bissen — 45
Jeder Apfel, jede Banane, jede Tomate — 46

Besondere Tage — 47
Lange schlafen, gemeinsam das große Sonntagsfrühstück genießen — 47
Schieb die dunklen Wolken weiter — 48
Danke für die lustigen Herbststürme — 48
Lieber Gott, ich freue mich riesig — 50
Ab ans Meer! — 51
Lieber Gott, ich plane ein großes Gartenfest — 52

Am Abend — 53
Du hast die Sterne geschaffen — 53
Während die Stadt schläft — 54
Lieber Gott, eigentlich bin ich schon so k.o. — 54
Mit einem Sprung ins Bett — 55
Heute möchte ich dir mal Danke sagen — 56
Wenn ich schlafe, bist du wach — 56

Neue Bücher entdecken, in Leseproben stöbern
und Wissenswertes erfahren in unseren Newslettern für Bücherfans.
Jetzt anmelden unter www.gabriel-verlag.de.

Sigg, Stephan:
Du machst mich froh
ISBN 978 3 522 30393 4

Einband- und Innenillustrationen: Verena Körting
Einbandtypografie: Michael Kimmerle, Stuttgart
Satz: Bettina Wahl
Schrift: Myriad, Leftovers
Reproduktion: Photolitho AG, Gossau/Zürich
Druck und Bindung: Balto Print, Vilnius
© 2015 Gabriel in der Thienemann-Esslinger Verlag GmbH, Stuttgart
Printed in Lithuania. Alle Rechte vorbehalten.
5 4 3 2 1°   15 16 17 18

www.stephansigg.com
www.verena-koerting.de

Psalmen für Kinder

Martin Polster
**Gib mir Wurzeln,
lass mich wachsen**
Psalmen für Kinder

96 Seiten · Gebunden
ISBN 978-3-522-30079-7

Wer wäre nicht gern so stark wie ein großer Baum mit tiefen Wurzeln? Schöne Bilder wie dieses gibt es viele in den Psalmen, den Gebeten aus der Bibel. Vierzig davon hat Martin Polster ausgewählt und für Kinder bearbeitet. Mit diesen Gebeten kann man groß werden.

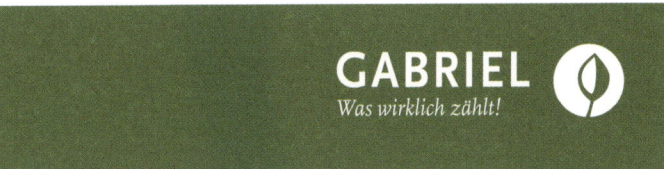

www.gabriel-verlag.de

Lebendige Erzählungen
ausdrucksstark bebildert

Martina Steinkühler
Die neue Erzählbibel

248 Seiten · Gebunden
mit farbigen Illustrationen
von Barbara Nascimbeni
ISBN 978-3-522-30387-3

Die Geschichten in der Bibel erzählen von Gott und bieten Antworten auf die großen Fragen: nach dem Anfang der Welt, dem Sinn des Lebens, nach den Stärken und Schwächen der Menschen.
Die erfahrene Religionspädagogin Dr. Martina Steinkühler erzählt Geschichten von Abraham und Sara, Jesus und Petrus und vielen anderen frei und lebendig nach. In den poetischen Bildern von Barbara Nascimbeni können Kinder ab acht vieles entdecken, das sich mit Worten nicht ausdrücken lässt.

www.gabriel-verlag.de